AF331401

ÉLECTEURS

E LA MEUSE

IEURS ET CHERS COMPATRIOTES ,

C'est d'une main paralysée à la suite du siége de Paris et de l'horrible Commune, où j'ai perdu ma fortune et presque la vie, que je vais essayer de répondre à une brochure qui attribue au parti républicain le monopole du patriotisme pour recommander ses candidats aux suffrage des électeurs de notre département. Je crois, au contraire, que ce parti a contribué à l'humiliation de la France et à son amoindrissement, car l'histoire nous rappelle à chaque page que la France était grande et respectée avant qu'elle ne connût le nom de République, qui jusqu'alors est presque synonyme de révolution.

L'auteur anonyme de cette brochure trouve étrange que l'on ose encore se dire Monarchiste.

Il oublie sans doute que nous sommes enfants de cette héroïque et catholique Lorraine, qui a donné le jour à Jeanne d'Arc, qui sauva la France, et au glorieux duc de Lorraine, sauveur de Metz, contre une armée dix fois plus forte que la sienne. Cependant ces héros et tant d'autres étaient des Monarchistes catholiques et non libres-penseurs comme celui qui vendit Metz pour un peu d'or. Il peut y avoir des Républicains de bonne foi, mais ceux-ci comme les Girondins, conduits par les *purs*, marcheront à la clarté du pétrole, et au son de la fusillade comme les otages de la Commune. Le patriotisme de ces *purs* était de provoquer la Révolution, pour s'emparer des plus hautes dignités, pendant que nos enfants versaient leur sang pour la patrie; de vider à pleins verres les vins les plus fins, et renouveler les orgies de St-Cloud, qu'ils ont tant critiquées sous l'Empire, de triste mémoire.

Et quand nos enfants mouraient de froid et de faim, chaussés de souliers dont les semelles de carton restaient dans la neige, ces bons patriotes s'emparaient des caisses publiques, et en gaspillaient les fonds. Le peuple se laisse toujours entraîner par les discours qui promettent toutes les libertés, le gouvernement du peuple par le peuple, et d'autres belles phrases encore. Eh bien ! qu'ont fait les auteurs de ces beaux discours quand ils étaient maîtres du pouvoir dont ils se sont emparés en marchant sur des milliers de victimes ? Des prisons cellulaires et des déportations ! Voilà les premiers exploits de ces purs que l'auteur de la brochure présente comme dignes des suffrages des véritables patriotes.

Si nous nous reportons à l'année 1829, ne voyons-nous pas M. Thiers renverser la Monarchie légitime pour obtenir un portefeuille dans la Monarchie constitutionnelle, après avoir juré, avec Michel de Bourges, haine aux monarchies !

Et cependant cette vieille monarchie avait payé les dettes de la République et de l'Empire, donné à la France l'Algérie, et le trésor immense de la Caseba, qui servit à payer les héros de 1830, et à soulever la malheureuse Pologne et la Belgique, pour la grande satisfaction de l'Angleterre. Sans cette fatale révolution, un traité offensif et défensif se faisait avec l'empereur de Russie ; la France rentrait dans ses anciennes possessions, et nous reculions nos frontières jusqu'à Anvers, et nos limites étaient les bords du Rhin !! Elles en sont loin aujourd'hui....

Le prétexte de cette révolution fut la liberté de la presse et la violation de la Charte. Le loyal Charles X ne violait pas la Charte, puisque l'article 14 donnait droit au Roi de suspendre la liberté de la presse s'il le jugeait nécessaire à la France. Cette mesure était urgente, puisque des journaux, entr'autres le *Constitutionnel*, alors rédigé par Thiers, donnaient à nos ennemis les mouvements de notre glorieuse armée, et les libéraux, dans leur patriotisme, faisaient des vœux pour que l'héroïque armée fût vaincue et les chefs couverts de honte.

Charles X commit la même faute que son frère Louis XVI. Au lieu de suspendre l'infâme journal de Marat, l'instigateur des massacres de Septembre, il en toléra les insultes, et laissa la liberté d'écrire à tous ces odieux pamphlétaires qui ont amené la révolution et retardé les réformes que le

Souverain se proposait d'apporter en mettant en tête de la Charte que « les Français sont égaux devant la loi. »

Je suis l'homme de 89, et l'ennemi implacable de 93! J'aime le véritable progrès.

En 1830, les hommes du *Constitutionnel*, bien informés de ce qui se passait dans les conseils du Roi par un ses membres, Louis-Philippe, s'empressaient d'en publier les décisions, en les dénaturant aux yeux du peuple, et dans leur cynisme ils osaient écrire : *Si le Roi reste dans la Charte, nous l'étoufferons! s'il en sort, nous le tuerons!*

Un Roi qui se laisse ainsi insulter, est un Roi perdu. Il fait le malheur de son peuple en ne livrant pas à la justice ces criminels de lèse-majesté qui ont perdu la France. Nous le voyons aujourd'hui, et cependant le conseil était divisé : le loyal, mais crédule Polignac suivait les conseils du duc d'Orléans, qui voulait que le Roi signât les Ordonnances. Charles X s'adressant un jour à Louis-Philippe, lui dit : « Mon cousin, je crains que cela ne cause du bruit dans Paris.» « Sire, répondit celui-ci, en montant sur son fauteuil, ce n'est pas plus difficile que de monter sur ce siége et en descendre! » Il faisait allusion à ses projets ambitieux, car il semblait dire : vous descendrez du trône, et moi, j'y monterai. Le vieillard-Roi, crut le perfide conseil de celui qui devait consolider le trône, au lieu de l'ébranler. Ah! si Louis-Philippe, avec sa science immense, n'avait point été un ambitieux, comme la

France serait devenue grande ! Enfin, cédant aux instances du conseil, Charles X signa les Ordonnances. Le *Constitutionnel* en fut le premier averti, et Thiers ayant préparé ses beaux discours, amena la Révolution qui précipita du trône un Roi honnête et ami du peuple ; car, en apprenant la prise d'Alger et de la Caseba, il avait dit au jeune aide-de-camp qui lui annonçait l'heureuse nouvelle : Quel bonheur ! je puis donc dégrever mon pauvre peuple de cent millions ! Mais hélas ! la révolution qui se fait, dit-on, dans l'intérêt du peuple, fit monter les contributions, de neuf cent millions à seize cent millions, et cinq milliards de dettes, au lieu de cinq cent millions seulement. Mais on avait un Roi-Bourgeois, et pour premier ministre l'écrivain du *Constitutionnel*, qui dut alors répondre à Michel de Bourges, qu'il n'avait juré haine qu'à la Monarchie légitime, et non à celle des barricades. M. Thiers, le modèle que vous proposez était libéral, quand il n'était pas au pouvoir. Voyons maintenant ses œuvres. J'ai le droit avant d'accepter sa politique, de voir si je suis dans un pays où l'on adore tous les soleils levants ; il faut, comme le grand astronome père Sechi, voir si ces soleils n'ont aucune tache, et si cet Anglais n'avait pas raison, quand il disait de ce fougueux écrivain : Cet homme ne sait que détruire ; il est tellement révolutionnaire qu'il se révolutionnera lui-même !

Aussi, ses amis d'aujourd'hui lui ont-ils donné le nom de *cheval de renfort*.

Voici ses titres :

1° Devenu ministre du Gouvernement de Juillet, il fit les lois de septembre sur la presse, beaucoup plus rigoureuses que les Ordonnances de Juillet, contre lesquelles il avait tant tonné.

2° En 1832, le Gouvernement des Barricades, dont il était le conseiller, avait besoin d'une petite émeute, c'est l'archevêché qui en fut le théâtre : il y assista.

3° Je ne parlerai pas du massacre de la rue Transnonin, qui se fit sous son ministère, sans doute par amour du peuple ! qu'il flatte toujours quand le pouvoir lui échappe.

4° Tout le monde connaît ses exploits en Vendée avec son associé Deitz, le juif allemand : les Royalistes ont eu grand tort de l'oublier. On peut peindre la peau du renard de plusieurs couleurs, mais c'est une grande faute de lui donner des poules à garder, comme on a fait à Bordeaux. Les royalistes pourraient répéter le mot de la Reine, au moment de quitter Paris en février. Ah ! M. Thiers, dans quel gâchis vous nous avez mis.

En 1848, le rôle de Révolutionnaire ambitieux reparait chez le ministre déchu : il invente la Réforme et organise des banquets pour renverser Guizot et se saisir de son portefeuille de premier ministre ! Mais le jour de la justice de Dieu était arrivé, et le même homme qui avait fait un Roi de par la vertu des barricades, le fait tomber par les mêmes moyens. Et les hommes qu'il appelait héros en juillet 1830, il les qualifie de *vile multitude* en 1848.

En 1849, il était pour la liberté de l'enseignement ; en 1875 il vote contre, avec les radicaux ! Voilà l'homme des libertés !

Tout le monde connait la conduite de cet homme d'Etat au 2 septembre 1870. Il n'hésite pas à faire cause commune avec les radicaux pour s'emparer du Pouvoir. Qu'a-t-il obtenu par ses visites aux cours étrangères ? Les alliances qu'il sollicitait lui ont été refusées, car les souverains se rappelaient les coupables manœuvres de cet homme qui avait aidé au renversement de tous les trônes.

Je me trompe, il réussit à obtenir l'alliance du grand Garibaldi, qui trahit la France, de cet homme qui avait dit : J'ai trempé mes mains dans le sang des Autrichiens, je les tremperai jusqu'au coude dans celui des Français ! C'est encore lui qui écrivait : Notre but ne sera pas certainement de combattre nos frères d'Allemagne ! J'ai désiré le triomphe des armées prussiennes, parce que Bismarck est un grand homme.

Voilà, en fait d'alliances, ce que l'on a récolté : un patriote italien qui injuriait les vrais conservateurs de la religion et de la famille, et louait les Communards, ennemis comme lui des vertus de nos grands hommes de bien.

Si la France et surtout le parti légitimiste et catholique acceptent facilement les conversions qui paraissent sincères, il n'en est pas de même chez nos voisins qui firent un mauvais accueil à ce vieux diplomate, car ils savaient que ses démarches n'avaient d'autre but que de faire accepter la République, dont il était certain d'être le chef. Bismarck seul fit bon accueil au futur Président de la Républiqne, parce qu'il savait que cette forme de gouvernement serait repoussée par toutes les puissances, et qu'alors il pourrait s'emparer de l'Alsace et de la Lorraine, qu'en 1815 la vieille monarchie avait arrachées à la Prusse.

Le grand historien de l'Empire aurait dû, si son patriotisme avait égalé son ambition, se souvenir des paroles de Napléon à Sainte-Hélène : « Louis XVIII seul, disait-il, pouvait sauver la France, par la force de son droit, par l'ancienneté de sa race. » Quel aveu ! Et si Thiers avait aimé la France, il savait où était son salut ; il n'eût pas oublié que la France n'est Républicaine que par surprise, puisqu'il avait été élu député royaliste dans dix-huit départements, en février 1871. Je lui écrivais : Réparez 1830 ! Rappelez votre Roi Henri V. Souvenez-vous des paroles de Napoléon : « Il viendra avec ses alliances se mettre entre le vainqueur et le vaincu, et il sauvera la Lorraine et l'Alsace. » Hélas ! il préféra le Pouvoir, et les malheureuses provinces furent le prix de ses ambitions personnelles. Le traité avec Bismarck fut signé, on désarma notre brave armée qui, comme nos généraux, fut abreuvée d'outrages et de calomnies ; et nos gouvernants conservèrent une garde nationale qui devait faire ou laisser faire la Commune.

Arrivons au 18 mars. Ce jour-là j'étais au ministère pour donner l'explication d'un projet qui eût été très-utile à l'agriculture et au commerce. Le secrétaire approuvait mon plan, quand la révolution éclata sous le prétexte des canons! Quelles furent donc les précautions du grand homme que vous me vantez? Il laissa l'armée sans ordre, les forts sans munitions, et prit la fuite. Je ne raconte que ce que j'ai vu, ne voulant pas pénétrer les desseins du grand révolutionnaire, et de ses amis, qui par leur présence eussent fait sans doute rentrer ce pauvre peuple égaré dans des voies paisibles, en lui procurant de l'ouvrage et du pain. Mais les gouvernants, habiles à prendre les places, et à faire manger 300 grammes de pain de paille, ne voulurent ni n'osèrent se présenter en conciliateurs devant le peuple dont ils étaient hier les idoles. Où étiez-vous donc grand Gambetta? Votre voix eût arrêté ces pauvres égarés et empêché l'effusion de ce sang fraternel; si par vos doctrines et celles de M. Naquet vous étiez avec eux, pourquoi ne partagiez-vous pas leur péril? Mais un voyage en Espagne était plus sûr, et moins dangereux, cela vous évitait de vous compromettre, et avait le grand avantage de vous mettre à l'abri, tandis que les malheureuses victimes de vos doctrines se faisaient massacrer avec un courage digne d'une meilleure cause.

J'étais à Auteuil pendant cette terrible guerre civile, et cherchant à rétablir l'ordre, j'osai dire, au risque de ma vie, à ces frères égarés : Vous croyez que vous aurez des pensions si vous êtes blessés, et que vos femmes et vos enfants seront secourus si vous êtes tués! Non, mes amis, vous aurez Cayenne ou Nouka-Hiva! Les places aux gros poissons, et aux fretins, comme vous, la fusillade; à eux la récompense, à vous les tourments. Heureusement, par mes conseils, j'eus le bonheur d'en rappeler plusieurs au devoir; quand je fus dénoncé comme clérical et monarchiste, par un voisin peu charitable; mais grâce à Dieu et aux bombes, je déménageai la veille du jour où on vint pour me fusiller. On trouva la maison vide. Les Communards chargés de m'arrêter dirent avec dépit : Il est déniché. Ils se consolèrent en pillant ma maison qui fut foudroyée le lendemain par les obus.

M. le député républicain, vous voulez bien attribuer à M. Thiers seul d'avoir vaincu l'horrible Commune! Ah! celui qui l'avait laissée s'organiser, en flattant la chèvre et le chou, aurait été impuissant à la vaincre; mais Dieu eut pitié de la France, et fit surgir un héros chrétien, à peine guéri de ses blessures, pour apaiser toutes ces fureurs. Ce fut le seul de nos braves généraux que le mensonge et la calomnie n'avaient pu atteindre, qui fut appelé pour raffermir le courage et la confiance de nos soldats, auxquels on racontait que le brave général Mac-Mahon n'avait pas été blessé. Je fus outré de cette manœuvre, moi qui savais par une sœur de charité, avec quel courage et quelle patience chrétienne il avait supporté les cruelles souffrances de sa glorieuse blessure.

C'est donc la noble épée de notre héros chrétien, et de nos valeureux soldats, qui a sauvé Paris et toute la France! et non Thiers qui n'a même pu empêcher l'élection de Barodet, ni faire triompher son ami Rémusat, qui avait, comme lui, supprimé son titre de baron.

Le comte de Rémusat, qui avait échoué comme républicain conservateur, à Paris, change de cocarde avec Barodet, ce qui lui réussit, car l'ex-comte et ami de Louis-Philippe fut nommé député à Lyon. Voilà un second modèle à ne pas plus imiter que le premier. L'ancien pair, vicomte Hugo, devient aussi radical. Thiers avait donc si bien mené la France, qu'après le vote de Barodet et de Rémusat, il nous a doté, lui qui se disait Monarchiste, d'une République radicale, ce qui causa une grande joie à M. de Bismarck, qui écrivit à M. d'Arnim, son ambassadeur, que c'était le gouvernement qui convenait le mieux à la Prusse, et Dieu sait ce qu'il en serait advenu, si la Chambre par son vote du 24 mai, n'avait de nouveau confié les destinées de la France au loyal Maréchal, dont la modestie chevaleresque et chrétienne a été si justement appréciée.

En attendant le jour de la grande miséricorde, du salut et de la délivrance de notre pays, il faut soutenir ce nouveau Bayard, qui, lui, ne peut forfaire à l'honneur de ce beau nom!

Vous dites que Thiers a trouvé des milliards pour payer les Prussiens! Oui, Thiers se disant Monarchiste, avec le concours des députés royalistes, et surtout la confiance en la vaillante épée de Mac-Mahon. Voilà les véritables causes de la réussite de l'emprunt.

J'ose donc dire, avec Thiers, alors Monarchiste, que si la République n'eût été confiée à des royalistes, elle serait morte entre les mains des Républicains.

J'ai habité près de quarante ans Paris. Ma position me faisait voir de près bien des misères. Hélas! j'ai toujours constaté que ces hommes, par leurs doctrines mensongères, augmentaient les douleurs du malheureux, en organisant des sociétés secrètes où l'orgie était en permanence. Ils ressemblaient au médecin Barbare, qui, au lieu d'imiter la charité du bon Samaritain, en versant un baume bienfaisant sur les plaies de ceux qui souffrent, y versait une huile brûlante! Que l'ambition est cruelle et sans pitié!

J'ai connu un de ces égarés, bon ouvrier, qui avait été héros de 1830, de 1848, et de juin, mort en 1871, après avoir été recueilli par les sœurs des pauvres. En le visitant, il me dit : Ah! mon ami, je vois aujourd'hui que vous aviez raison; les vrais amis du travailleur et du pauvre sont les vrais amis du Christ. Pourquoi l'avais-je donc oublié, moi qui avais une mère chrétienne, et un père pieux. Maudite société secrète, maudits journaux, c'est vous qui êtes cause de mon malheur! Cet homme, faible mais honnête, se laissa entraîner par les sectaires. Il reconnut trop tard ses erreurs. Au service de la France, il eût fait un héros. J'ai vu dans

Paris les hospices Cochin, Brezain, etc., fondés par des Catholiques et Chrétiens bienfaisants que l'on calomnie ! J'ai vu d'autres maisons de charité, élevées par ceux qui craignent et aiment Dieu ! Mais je n'ai vu nulle part les monuments que les chefs de la libre-pensée avaient fait édifier : Ils ont au contraire détruit nos plus riches monuments. J'ai vu l'hospice du vénérable curé Duguerry, fusillé comme otage, accusé d'être l'ennemi du peuple, ainsi que tant d'autres dont la vie était consacrée au soulagement du pauvre que l'on égare. J'ai aussi vu l'hôtel Thiers, avant sa démolition, par les soins bienveillants de l'architecte, qui sut mettre en sûreté les objets précieux qu'il renfermait, avec un zèle dont il n'a pas fait preuve à la démolition de l'archevêché, où bien des objets précieux eussent été sauvés; au lieu d'être jetés à la Seine !

Aussi, plus heureux que Monseigneur de Quélen, M. Thiers, put avec de très-larges indemnités, rebâtir un hôtel digne de lui. Si son amour pour le peuple avait été sincère, il aurait pu, avec le surplus de son indemnité, faire bâtir un petit hospice; au moins il y aurait aussi l'hospice Thiers, refuge des victimes des révolutions. Partout les amis du peuple sont peu appréciés; il semble que leurs bienfaits soient des charges, et je dois ici rendre un respectueux et pieux hommage à M. Landry-Gillon, notre honorable député, dont la vie était occupée à faire le bien de ses compatriotes, avec le plus grand désintéressement. Honoré de son amitié pen-

dant sa vie, trop courte pour le bien qu'il faisait,
j'ai pu l'apprécier ! Il m'a confié qu'il avait
dit à Louis-Philippe que s'il avait été député
en 1830, il n'aurait pas commis la faute de
voter la déchéance de la Monarchie légitime.
Il suffisait d'être son compatriote pour
être certain de trouver en lui un protecteur
et un défenseur. La ville de Bar et le département de la Meuse n'ont pas oublié cet
homme de bien ; ils l'ont prouvé en honorant
de leurs suffrages, M. Paulin-Gillon, digne
imitateur de son frère. Honorer des hommes
de bien, c'est honorer son pays.

Malgré les nombreuses calomnies, les ouvriers n'ont pas oublié que M. Bompard,
notre député, suivant les exemples vertueux
de ses oncles, s'est toujours dévoué pour leur
procurer de l'ouvrage dans les moments
difficiles ; qu'ils voient donc où sont leurs
véritables amis. C'est aux actes et non aux
paroles qu'il faut juger ceux qui sollicitent
les suffrages. On doit choisir ceux qui se
dévouent au bien de la société et non ceux
qui ne savent que flatter le peuple pour ar-
river aux plus hautes dignités, et qui, une
fois ces places obtenues, ferment leurs portes
et leurs bourses aux malheureux.

M. le député Républicain, vous dites qu'il
faut être sincère, en cela vous avez raison ;
mais vous, pourquoi ne dites-vous pas fran-
chement que vous êtes anti-chrétien et
libre-penseur, ne voulant de liberté que pour
vous et vos amis ? Pourquoi ne pas signer
votre brochure ? Vous ne dites pas avec
franchise : J'ai voté contre la liberté qu'a

tout père de famille de faire instruire ses enfants dans la religion de ses pères, même à ses propres frais; et vous seul, homme de liberté, vous étalez avec orgueil tous vos votes pour la construction de nouveaux chemins de fer; mais il faut bien faire quelques petites choses, car avec le système nouveau introduit par les Républiques et l'Empire, le dévouement dont vous vous vantez n'est point gratuit pour les contribuables; ils paient assez cher vos services! Vous avez encore raison quand vous dites de choisir des hommes fermes. Je suis de cet avis. Il faut choisir des chrétiens sincères qui ne changent pas à tous les vents, de ces hommes qui aiment le peuple en chrétiens, sans le flatter, et qui attendent de Dieu leur récompense. Ces hommes seuls peuvent, par leurs sages et fermes principes, fermer l'ère des révolutions, car leur ambition est le bonheur de la France, la paix et la fraternité du monde entier : la charité chrétienne n'ayant pas de bornes.

Il y a environ 30 ans, j'écrivis à M. le Ministre de l'Agriculture pour dire que les principales causes du choléra et autres épidémies étaient dues au déboisement de nos côtes maritimes et des forêts des montagnes. Je lui conseillais de les faire reboiser ainsi que les landes, pour éviter de nouveaux fléaux et des inondations. Mais hélas on aima mieux construire des opéras, et attirer dans Paris une multitude d'ouvriers qui eussent été si utiles à l'agriculture. Il eut été préférable de fortifier nos frontières, et d'employer à des travaux utiles les ouvriers des campagnes, sans vouloir tout faire pour Paris.

De même aujourd'hui, je dis aux riches : Restez dans vos châteaux, quittez les grandes villes, reboisez vos montagnes en faisant travailler vos cultivateurs, ces arbres qui peuvent seuls vous garantir des vents pestiférés de la Révolution qui convoite et vos biens et vos vies ! car comme les arbres arrêtent les inondations, vous arrêterez les Révolutions par vos bons exemples et vos bontés envers vos serviteurs, en menant une vie chrétienne.

Allons, fils des Croisés, souvenez-vous de vos aïeux ? noblesse oblige; combattez les nouveaux Sarrasins par les armes du bon exemple; quittez les opéras pour la charrue. Allons, laissez là les plaisirs, et au cri de : Dieu le veut ! réunissez le petit nombre des fidèles, et, nouveau Godefroy, vous vaincrez !

Mettez-vous à la tête de ces corporations de travailleurs de la campagne, ces véritables ouvriers qui ne font jamais de révolutions, mais les supportent toujours; associez-vous avec eux, comme je le conseillais en 1843, pour leur assurer des secours dans leur vieillesse et dans leurs infortunes ; mettez votre or superflu avec le sou du pauvre cultivateur et des ouvriers, afin que dans chaque village il y ait une caisse de secours mutuels, qui soit organisée par toute la France. Opposons avec courage la démocratie chrétienne, la seule véritable, à la démocratie de l'impie Voltaire, auteur du malheur du peuple, qu'il ne sait que flatter et trahir; ce Voltaire qui, en parlant de J.-C., seul ami du pauvre, disait dans sa rage impuissante, à Frédéric, roi de Prusse : Sire, écrasons l'infâme. Quel blasphème !

Ce Voltaire qui a voulu salir de sa bave satanique notre glorieuse Jeanne d'Arc, écrivait à Frédéric, roi de Prusse, pour le féliciter de sa victoire de Forbach et disait qu'il regrettait de ne pas être né Prussien. Décatholisons la France, sire, écrit-il encore à Frédéric de Prusse, et vous viendrez à Paris ! et son ami Prussien lui répondait : Si les jésuites, les gardes du corps du Pape font des fautes, publiez-les ; s'ils n'en font point inventez-en. Calomnions, il en restera toujours quelque chose ! Hélas, les voltairiens de toutes les classes et surtout les riches l'ont décatholisée, cette France, et les petits-fils de Frédéric sont venus trois fois visiter Paris, devenu voltairien.

O honte! cette ville de Paris qui n'avait pas encore trouvé une place pour la statue de Jeanne - d'Arc, élevait une statue à Voltaire son insulteur, et le plat valet du Prussien !

Victor Hugo, le nouveau grand-prêtre de cette jolie démocratie, cet ange de la poésie, déchu par l'orgueil, comme Lucifer, écrivit au moment de sa gloire, les sublimes vers qui suivent :

Voltaire **alors** régnait, ce singe de génie
Chez l'homme en mission par le diable envoyé.
Époque qui gardas, de vin, de sang rougie,
Même en agonisant, l'   re de l'orgie,
O dix-huitième si   impi   et châtié !
Société sans Di   par Di   fut frappée !

Qui, brisant sous la hache et le sceptre et l'épée,
Jeune, offensas l'amour, et, vieille la pitié,
Table d'un long festin qu'un échafaud termine !
Monde aveugle pour Christ que Satan illumine,
Honte à tes écrivains devant les nations !
L'ombre de tes forfaits est dans leur renommée ;
Comme d'une chaudière il sort une fumée,
Leur sombre gloire sort des révolutions.

Frêle barque assoupie à quelques pas d'un gouffre !
Prends garde, enfant ! cœur tendre où rien encore ne
O pauvre fille d'Eve ! ô pauvre jeune esprit ! (souffre,
Voltaire, le serpent, le doute, l'ironie,
Voltaire est dans un coin de ta chambre bénie !
Avec son œil de flamme il t'espionne et rit.
Oh ! tremble ! ce sophiste a sondé bien des fanges ;
Oh ! tremble ! ce faux sage a perdu bien des anges !
Ce démon, noir milan, fond sur les cœurs pieux
Et les brise, et souvent, sous ses griffes cruelles,
Plume à plume, j'ai vu tomber ces blanches ailes
Qui font qu'une âme vole et s'enfuit dans les cieux.

> Victor HUGO, poète, 1840) âgé de 37 ans.)

Le même poète a écrit ces vers :

Je n'ai jamais cherché les baisers qu'on nous vend
Et l'hymne dont nous berce avec sa voix flatteuse
La popularité cette grande menteuse.

Voilà l'homme qui n'a jamais changé !

Relève ton front courbé vers la terre, ô France, et élève vers le ciel tes yeux et ta face humiliée ; c'est Dieu seul, qui peut te délivrer de l'opprobre où t'ont mise tes fautes. Secoue la poussière de l'incrédulité, qui comme une lèpre couvre une partie de ta face ! Demande au Dieu des Clotilde, des Geneviève et des Jeanne d'Arc, de donner à tes enfants la même foi qu'il daigna donner à ces saintes femmes. Hélas ! le péril n'est pas moins grand ni les nou-

veaux Barbares qui menacent la société
moins cruels !

Moins flatteur que les purs, voici comment
s'exprime l'héritier légitime du trône de
France :

MANIFESTE DE HENRI V
AU PEUPLE FRANÇAIS.

2 juillet 1874.

Français,

Vous avez demandé le salut de notre Patrie à des
solutions temporaires, et vous semblez à la veille
de vous jeter dans de nouveaux hasards.

Chacune des révolutions survenues depuis quatre-
vingts ans a été une démonstration éclatante du
tempérament monarchique du pays.

La France a besoin de la Royauté. Ma naissance
m'a fait votre Roi.

Je manquerais au plus sacré de mes devoirs, si,
à ce moment solennel, je ne tentais un suprême
effort pour renverser la barrière de préjugés qui me
sépare encore de vous.

Je connais toutes les accusations portées contre
ma politique, contre mon attitude, mes paroles et
mes actes.

Il n'est pas jusqu'à mon silence qui ne serve de
prétexte à d'incessantes récriminations. Si je l'ai
gardé depuis de longs mois, c'est que je ne voulais
pas rendre plus difficile la mission de l'illustre
soldat dont l'épée vous protège.

Mais, aujourd'hui, en présence de tant d'erreurs
accumulées, de tant de mensonges répandus, de tant
d'honnêtes gens trompés, le silence n'est plus permis. L'honneur m'impose une énergique protestation.

En déclarant, au mois d'octobre dernier, que
j'étais prêt à renouer avec vous la chaîne de nos
destinées, à relever l'édifice ébranlé de notre grandeur nationale, avec le concours de tous les dévoû-
ments sincères, sans distinction de rang, d'origine
ou de parti.

En affirmant que je ne rétractais rien des déclarations sans cesse renouvelées, depuis trente ans, dans les documents officiels et privés qui sont dans toutes les mains.

Je comptais sur l'intelligence proverbiale de notre race et sur la clarté de notre langue.

On a feint de comprendre que je plaçais le pouvoir royal au-dessus des lois et que je rêvais je ne sais quelles combinaisons gouvernementales basées sur l'arbitraire et l'absolu..

Non, la Monarchie chrétienne et française est dans son essence même une Monarchie tempérée, qui n'a rien à emprunter à ces gouvernements d'aventure qui promettent l'âge d'or et conduisent aux abîmes.

Cette Monarchie tempérée comporte l'existence de deux Chambres, dont l'une est nommée par le Souverain, dans des catégories déterminées, et l'autre par la Nation, selon le mode de suffrage réglé par la loi.

Où trouver ici la place de l'arbitraire?

Le jour où, vous et moi, nous pourrons, face à face traiter ensemble des intérêts de la France, vous apprendrez comment l'union du Peuple et du Roi a permis à la Monarchie française de déjouer, pendant tant de siècles, les calculs de ceux qui ne luttent contre le Roi que pour dominer le Peuple.

Il n'est pas vrai de dire que ma politique soit en désaccord avec les aspirations du Pays.

Je veux un pouvoir réparateur et fort; la France ne le veut pas moins que moi. Son intérêt l'y porte, son instinct le réclame.

On recherche des alliances sérieuses et durables; tout le monde comprend que la Monarchie traditionnelle peut seule nous les donner.

Je veux trouver dans les representants de la Nation des auxiliaires vigilants, pour l'examen des questions soumises à leur contrôle ; mais je ne veux pas de ces luttes stériles de Parlement, d'où le Souverain sort, trop souvent, impuissant et affaibli; et si je repousse la formule d'importation étrangère, que répudient toutes nos traditions nationales, avec son Roi qui règne et qui ne gouverne pas, là encore je me sens en communauté parfaite avec les désirs de l'immense majorité, qui ne comprend rien à ces fictions, qui est fatiguée de ces mensonges.

Français,

Je suis prêt aujourd'hui, comme je l'étais hier;

La Maison de France est sincèrement, loyalement réconciliée. Ralliez-vous, confiants, derrière elle.

Trève à nos divisions, pour ne songer qu'aux maux de la Patrie! N'a-t-elle pas assez souffert? N'est-il pas temps de lui rendre, avec sa Royauté séculaire, la prospérité, la sécurité, la dignité, la grandeur, et tout ce cortège de libertés fécondes que vous n'obtiendrez jamais sans elle?

L'œuvre est laborieuse, mais, Dieu aidant, nous pouvons l'accomplir.

Que chacun, dans sa conscience, pèse les responsabilités du présent et songe aux sévérités de l'histoire.

HENRI.

Voilà comme parle, sans déguisement, le petit-fils de St-Louis, qui préfère l'honneur de subir un injuste exil pour le bonheur de la France, à une couronne obtenue par le mensonge et le déshonneur. Les étrangers et même les ennemis du nom français ne peuvent que rendre hommage à ce roi chevalier, pour cette franchise, inconnue en notre siècle et qui se retrouve aujourd'hui dans le cœur et dans la bouche d'un roi de France en exil, montrant aux autres rois, le chemin droit de l'honneur. On a dit que c'était le Pavie de Henri V; sa noble lettre prouve que ce Pavie est honorable, et il peut dire à sa patrie : Ma Mère, tout est perdu, fors l'honneur; et voyant les douleurs de la France, il pourra répéter avec un de ses aïeux, à cette patrie objet de son ardent amour : Ouvrez, c'est la fortune de la France !

S'il ne s'agissait que de moi, j'aurais gardé le silence ; mais on attaque le grand principe, dont je suis le partisan, qui a fait la France ce qu'elle était et ce qu'elle est encore, moi, ancien laboureur, moins lettré que vous, je crois être dans le vrai en vous disant qu'il n'y a que la monarchie héréditaire qui puisse rétablir l'ordre véritable et la stabilité, car avec le roi plus de légitimistes, plus de républicains, plus de napoléoniens, ni d'orléanistes ! mais un peuple uni pour le bonheur de la patrie, sans crainte d'une nouvelle Commune... !

En 1847, lors des inondations de la Loire, on sait avec quelle charité Henri V vint au secours des malheureux. Sachant que j'avais envoyé quelques graines aux cultivateurs inondés, ce bon petit-fils de Henri IV me fit une commande de 1800 fr. qui fut envoyée en son nom aux malheureux, et dont je refusai le paiement, en priant Sa Majesté d'en faire remettre le montant, non à ceux qui avaient besoin de graines, mais aux malheureux qui manquaient de pain. Mes vœux furent exaucés, car au lieu de cette faible somme il ajouta 10,000 fr. aux dons qu'il avait déjà envoyés. Il daigna me remercier de mon désintéressement, avec cette bonté qui lui est particulière, plus reconnaissant de ce que l'on fait pour la France que pour lui-même. Un an après, lors de mon mariage, le bon prince me fit un présent bien précieux

qui démontre bien qu'il n'oublie pas les
ouvriers, et qu'on le calomnie, quand on
l'accuse de ne songer qu'aux nobles, car pour
lui, comme un bon père, tous sont des Français et ses enfants, pauvres ou riches ; ses
préférences sont pour l'honnête citoyen,
quelle que soit sa condition.

Comme Lorrain, comme Français, je reven-
dique l'honneur d'avoir découvert la cause
de la maladie des pommes de terre et de
la vigne. En 1847, j'eus l'honneur d'une
audience de M. Cunin-Gridaine, alors ministre de l'agriculture et du commerce, pour
l'informer que ce n'était point un champignon, comme le disaient les principaux
chimistes de France et même de l'Europe,
mais un insecte microscopique, qui amène
la décomposition et ensuite seulement le
champignon. M. le ministre me répondit que
lui-même avait observé le champignon, et
qu'il croyait que c'était le seul germe de la
maladie. Je lui répondis que l'Ecriture-Sainte
dit : « Le ver rongeur qui ronge le fer. » On
a découvert depuis que la rouille est réelle-
ment un ver, et que la maladie des pommes
de terre est occasionnée par un insecte. Je
ne fus pas écouté, la politique peu sereine de
cette époque occupait plus le ministre que
les affaires de son département.

La République survient, mêmes démarches
de ma part, même insuccès. Enfin, en 1852,
après avoir continué mes expériences avec
la même ténacité que Christophe-Colomb à
la recherche du Nouveau-Monde, je finis par
découvrir que la maladie de la vigne était

aussi amenée par un insecte. J'envoyai un mémoire au ministre qui se contenta de me faire remercier, sans donner aucune créance à ma découverte, ni à mon travail. Je lui ai même adressé ma brochure, qui avait le tort, à cette époque, de ne pas être napoléonienne. Enfin, il y a quelques années, des savants découvrirent l'insecte et nouveau Améric-Vespus, ils lui donnèrent le nom de Philoxéra! Ils eurent les honneurs et la récompense de la découverte que j'avais faite environ 22 ans avant.

En 1848, quelques jours après les malheureuses journées de Juin, je descendis seul, à deux heures du matin, pour porter secours à un sergent-major des chasseurs de Vincennes, que cinq forcenés auraient assassiné sans l'énergie que me donnait le sabre que j'avais pris pour ma défense, lequel avait été offert à mon oncle Tollard par un garde royal qu'il avait sauvé en 1830.

Les pièces authentiques suivantes vous diront aussi que je suis un véritable patriote tout dévoué à mon pays. J'en cite quelques-unes :

Lettre adressée par M. le gouverneur de la ville de Paris, à M. Thierry, propriétaire, rue Boileau, 65, à Auteuil-Paris, au mois d'octobre 1870.

Monsieur,

Le gouverneur de Paris me charge de vous dire qu'il accepte votre offre patriotique. Il vous adresse ses remerciements et vous invite à aller trouver l'officier général qui commande la partie de la fortification correspondante à vos propriétés pour lui soumettre vos propositions.

Recevez, M., l'assurance de mes considérations,
Le Capitaine aide de camp,
A....

AU MÊME, rue Neuve-Madame, Paris.

Monsieur,

La municipalité du 6ᵉ arrondissement a vu avec reconnaissance l'offre que vous avez bien voulu faire au pays, de dix médailles de bronze, à vous décernées, et que vous consacrez si patriotiquement à la fabrication des canons. Si tous les citoyens étaient animés des mêmes sentiments que vous, il n'est pas douteux, Monsieur, que nous aurions bientôt délivré notre malheureux pays.

Veuillez agréer, M., avec nos remerciements l'assurance des meilleurs sentiments,
André ROUSSELLE.

RÉPUBLIQUE FRANÇAISE.
Liberté — Égalité — Fraternité.
Ministère de la Guerre.
Direction des Affaires de l'Algérie.

On me remercie des graines que j'ai données pour les familles pauvres, établies dans les colonies agricoles.

———

Paris, le 25 octobre 1848.

Citoyen, vous m'avez fait connaître par votre lettre du 9 octobre courant que vous mettiez à la disposition de mon département pour 1354 fr., de graines potagères destinées à être distribuées entre les familles les plus pauvres qui seront dirigées sur l'Algérié, en exécution du décret du 19 septembre dernier.

Je vous prie de recevoir mes remerciements pour un don qui sera d'un grand secours aux émigrants établis dans les colonies agricoles et que j'ai accueilli avec plaisir. Des instructions ont été adressées au gouverneur général pour que vos désirs soient scrupuleusement remplis, et des mesures seront prises pour que ces graines soient utilisées immédiatement.

Salut et Fraternité,
Le Ministre de la Justice, De LA MORICIÈRE.

Nouvelle lettre de remerciement pour un envoi de graines d'arbres fruitiers et forestiers de la somme de 450 fr., pour les mêmes colons d'Algérie, fait le 4 novembre 1848.

AU MÊME,

Le 26 février 1849.

Félicitations au sujet d'une publication, sur la culture et la maladie des pommes de terre et de la vigne, par M. le ministre de l'agriculture et du commerce.

SOCIÉTÉ ROYALE ET CENTRALE D'AGRICULTURE.

Paris, 30 janvier 1849.

Monsieur,

Recevez mes bien sincères remerciements pour votre mémoire sur la guérison de la maladie des pommes de terre, et sur diverses questions que vous avez traitées.

J'ai lu votre mémoire avec un vif intérêt et des sentiments qui sont en parfaite harmonie avec ceux que vous avez émis pour le bonheur de la France, et que vous avez si bien exprimés en terminant par ce vœu qui devrait être celui de tous les Français :

Unissons-nous, et Dieu aidant, nous reverrons notre belle patrie glorieuse et prospère.

Recevez, je vous prie, M., avec mes bien sincères remerciements, l'assurance de ma considération bien distinguée,

Le Président, HÉRICART De THURY.

MINISTÈRE DE L'AGRICULTURE ET DU COMMERCE.

Paris, 25 septembre 1870.

Le ministre me remercie de mon mémoire sur les causes de la maladie de la vigne et de la maladie des pommes de terre, au sujet des découvertes que j'avais faites.

Le 10 juillet 1871.

Remerciement sur la méthode ou cours d'agriculture dans l'intérêt des agriculteurs pauvres.

Le 2 mai 1866.

Lettre de remerciement au sujet du mémoire sur l'enquête agricole où je comparais la France à un agriculteur inintelligent qui bâtissait un château et laissait ses terres incultes, tandis que son voisin intelligent se contentait de réparer ses bâtiments et d'entretenir ses terres. Que le seul moyen de sauver le pays était d'encourager l'agriculture, au lieu de faire des théâtres qui servent à corrompre la société. Je demandai pourquoi l'agriculture qui nourrit la patrie, n'est pas plus encouragée que les acteurs?

MINISTÈRE DE L'AGRICULTURE, DU COMMERCE ET DES TRAVAUX PUBLICS.

Paris, 2 septembre 1866.

Monsieur, on vous remercie de l'envoi des graines potagères, pour une somme de 1,000 fr. offertes aux inondés.

Je pourrais continuer cette série de félicitations, et ajouter que, malgré mes opinions, j'ai obtenu 36 médailles dans les différents concours de France. Je préfère m'arrêter là, convaincu que vous serez assez édifié sur la conduite des Monarchistes, qui servent la cause du peuple sous tous les gouvernements. Il n'en est pas de même des autres partis, qui réservent leurs préférences pour leurs amis politiques.

Si, comme S. Paul, je passe pour un insensé en parlant de moi, je le fais pour défendre mon principe, si odieusement critiqué par des patriotes qui n'osent ni se montrer en face du danger, ni prendre la responsabilité de leurs écrits, qu'ils se gardent bien de signer. Ce n'est pas dans ce parti que l'on trouve des hommes comme les ducs de Luynes, dont l'aîné âgé de 23 ans et père de famille, se rend près du général prussien afin d'acquitter la contribution de guerre pour son château et pour les habitants des cinq villages qui l'entourent, dans la crainte que ces malheureux ne soient inquiétés pendant son absence, et après avoir ouvert sa bourse à toutes les infortunes, il quitte sa vertueuse épouse et son petit enfant, pour aller, accompagné de son jeune frère à peine âgé de 17 ans, combattre les nouveaux Sarrasins qui envahissent la France. Ces dignes fils des croisés, riches à plus d'un million de revenus, courent au combat au cri de : Dieu et Patrie. Ils vont rejoindre le brave général Charrette qui, sous les ordres du loyal général en chef d'Aurelles de Paladines, livra le combat de Patay, avec des troupes braves et disciplinées, mais sans instruction militaire. La résistance devenant impossible, le brave Aurèle dit à Charette : Général, il faut soutenir la retraite, le nombre nous accable ! C'est bien, dit le héros chrétien et français, il faut mourir, nous mourrons pour Dieu et la France.

Après la bénédiction des aumôniers, le héros avec ses trois mille braves zouaves pontificaux se précipite sur l'ennemi comme la légion tébaine au martyre, en criant : Vive Jésus ! vive la France! L'armée de Paladines fut sauvée ! mais ces valeureux débris de Castelfidardo furent décimés et le duc de Luynes eut la tête emportée par un boulet ! son jeune frère est blessé avec 1900 braves restés au champ d'honneur. L'héroïque duchesse de Luynes ne devait revoir le nouveau Régulus français que mort. Voilà comme savent mourir pour Dieu et la patrie ces royalistes. Honneur à ces fils des croisés : la France qui produit de tels héros ne périra pas!

Au risque de blesser la modestie de notre compatriote, M. le comte de Nettancourt, je demande s'il n'est pas aussi l'ami du pauvre et un vrai serviteur de la patrie, car faire la charité, c'est aussi servir sa patrie.

Je citerai encore le nom bénit de la comtesse Marie de Kergorlay, dont la fortune et l'hôtel sont plus aux pauvres qu'à elle-même. Et le duc de Larochefoucault, qui donne quinze cent mille francs pour instruire le peuple. Et les Montmorency, les La Châtres, les Blacas, les Des Cars, dont la charité est inépuisable : des milliers de malheureux soulagés pourraient venir vous dire à quel parti appartiennent ces bienfaiteurs.

Dans son patriotisme, le libre-penseur ne veut plus du mot de charité, il aime mieux laisser mourir de faim ses adeptes que de les soulager. Les prophètes et apôtres de cette nouvelle doctrine présidaient les banquets le saint 'jour du Vendredi-Saint ; le prince Napoléon et compagnie y assistaient, croyant insulter au Christ, seul ami des pauvres et des malheureux ! lui, le divin auteur des huit béatitudes et du Notre Père, qui a dit : Celui qui soulage les pauvres, me soulage. Et aux malheureux : o vous tous qui êtes affligés, venez à moi et je vous soulagerai ! c'est pour suivre cette maxime que M.Cochin fonda un hospice ; que son neveu le répara et l'agrandit en dépensant 300 mille fr. C'est animé de cet exemple que M. Chardon-Lagache fonda l'hospice d'Auteuil, où il dépensa 1500 mille francs ! et dire que le pauvre peuple ne voit et ne distingue pas ses amis ! Les amis du peuple peuvent-ils être le républicain Bonaparte, le criminel de Boulogne et de Strasbourg, faisant assassiner le peuple sans défense le deux décembre, pour se faire nommer empereur. J'aurais péri en traversant le boulevard des Italiens, sans l'ardeur de mon cheval. Cet homme, à l'exemple de son oncle qu'il voulait imiter, viola son serment, et pour son ambition personnelle et celle hélas ! de ses trop nombreux complices, l'Assemblée nationale, organisa une révolution. C'est toujours le peuple qui est la lvictime. Quant à la religion, le nouvel empereur l'a traitée et fait traiter comme le peuple ; il demandait à l'Eglise ses bénédictions d'une main et la souffletait de l'autre, et détruisait les sociétés des conférences de St-Vincent de Paul, ces amis, ces serviteurs des pauvres.

L'Assemblée de 1848, dans son patriotisme éclairé, et c'est une des gloires du brave et loyal général Cavaignac, avait compris que le plus grand intérêt de la France était de rétablir le Saint Père, chef spirituel de 200 millions d'âmes, et ces 200 millions de catholiques auraient aimé et béni la France, si l'armée avait continué de protéger le vénérable pontife. Quand même je ne serais pas catholique, j'aurais gardé Rome, non-seulement dans l'intérêt de la religion, mais comme position stratégique, on était maître de l'Italie, et on commandait la mer par Civita-Vecchia et Ancône, selon les vues du grand Charlemagne. Notre brave et loyal général Oudinot, fut donc envoyé avec l'armée française à la délivrance de Rome, mais Bonaparte fut nommé Président de la République. A partir de ce jour, le nouveau César abandonna la plus noble des causes, pour porter ses vues ambitieuses d'un autre côté. Le brave Cavaignac rendit noblement son pouvoir après avoir sauvé Paris, avec les Lamoricière, les Changarnier et les Bedeau, etc., etc., qui ne recueillirent que l'ingratitude et la prison par le héros du 2 décembre. Honneur et gloire à leur mémoire et honte aux assassins que ces braves capitaines avaient sauvés.

Aussitôt élu président de la République, le héros de Forli, pour plaire à ses amis les carbonari italiens, écrit sa fameuse lettre à son cher Edgar Ney, où il trahit et le pape son sauveur et le brave général Oudinot, ainsi que la valeureuse armée qu'il commandait.

On se rappelle l'insurrection de 1832 contre le pape Grégoire XVI, et la bataille de Forli, où le frère aîné de Louis Bonaparte fut tué et Louis-Napoléon fait prisonnier par les carabiniers pontificaux. Quand l'évêque d'Imola, aujourd'hui le saint Pie IX, vint dans la prison visiter les prisonniers, il y vit Bonaparte, qui, connaissant sa bonté pour les malheureux, implora sa clémence et obtint grâce. Louis Bonaparte lui jura une éternelle reconnaissance, et tint ce serment aussi religieusement que celui qu'il fit à la Constitution. Il le prouva en disant à Cialdini : Allez, et faites vite ; débarrassez-moi des pontificaux, de Lamoricière et de ces nobles français; et le guet-apens de Castelfidardo eut lieu sous les yeux de l'armée française, qui frémissait de son inaction pendant une telle trahison ! Oh ! si son chef eut été français; mais Napoléon était de la société des Carbonari. Pour faire partie de cette société il fallait être italien. Louis Bonaparte n'hésite pas à se dire petit-fils d'italien et même italien, petit-fils de l'avocat de Florence qui, avec sa jolie femme Létitia Romano fut obligé d'aller chercher fortune en Corse, quelques temps avant que la France n'en fît la conquête. Devenu l'ami du comte de Marbœuf, celui-ci obtint de la munificence du prince de Condé, l'admission du jeune Bonaparte à l'école de Brienne. Il en sortit sous-lieutenant. Devenu premier consul, il paya sa dette de reconnaissance à ce Bourbon, en faisant fusiller son petit-fils le duc d'Enghien dans les fossés de Vincennes, pour le seul crime d'être Bourbon et descendant des Grand Condé, ces fils de France, et les gloires de la patrie ! Voilà la reconnaissance des amis du peuple. Mais la société exigeait un parrain qui répondît de Bonaparte. Mazzini se défiait de lui. Orsini, le père de celui qui fit les bombes de la rue Le Pelletier où périrent un si grand nombre de victimes, répondit du prince Carbonaro, qui jura haine et mort aux rois, aux empereurs et au pape, gloire à la République universelle, et à l'affranchissement de l'Italie, c'est-à-dire une Italie une ! On ne pensait pas à la France ! Devenu empereur, Louis-Napoléon, au milieu des plaisirs, avait oublié ses promesses et ses serments, mais les Italiens les lui rappelèrent, par les bombes Orsini, qui tuèrent tant d'innocents. Mais peu importe au félon coupable que les innocents périssent, il était sauvé !

On sait que l'empereur voulait gracier Orsini, mais les ministres s'y opposèrent. Avant de mourir, Orsini, lui écrivit pour lui rappeler ses promesses, et la guerre fut décidée contre l'Autriche, qu'il était cependant de l'intérêt de la France de ne pas affaiblir, puisqu'elle n'était ni notre ennemie ni notre voisine ; que se trouvant entre la Prusse et la Russie, elle pouvait maintenir l'ambition de ces deux puissances ; mais le carbonaro n'était pas Français ; le poignard de ses compagnons de Forli était suspendu sur sa tête, et pour le malheur de la France la guerre commença, et sans la valeur de Mac-Mahon, il aurait été fait prisonnier, et nous n'aurions pas eu Sedan !

Je ne parlerai pas du Mexique. Cette guerre, faite pour quelques bons Jeker achetés à des capitalistes Suisses par son ami Morny, coûta la vie au brave Maximilien, qui aurait peut-être empêché la défaite de Sadowa, aussi désastreuse pour la France que pour l'Autriche, car Sadowa fut l'aurore de Sedan! Maximilien mourut en héros chrétien. Il était le digne descendant de cette illustre maison de Lorraine qui remontait à Charlemagne. Enfin Louis-Napoléon combine, avec Bismark une guerre contre l'Autriche, afin de faire une Italie libre, et le Cavour prussien résolut en même temps de faire une Allemagne redoutable avec le consentement de l'Italien n° 111 et de son aigle romaine, qui avait remplacé nos lis et nos rois français. Bonaparte défit en trois jours ce que nos pères avaient mis 300 ans à faire pour la sécurité de la France.

Comme les Chambres françaises étaient catholiques et voulaient maintenir nos troupes à Rome, il fallait un prétexte à ce grand génie pour les en retirer : la guerre injuste fut celui qu'il choisit et le jour même où nos troupes sortaient de Rome, notre héroïque armée, accablée par le nombre, perdait la bataille de Reichoffen.

Voilà, chers compatriotes, les brillants exploits de la famille Bonaparte. Il faut ajouter à ces désastres la perte de notre chère et héroïque Lorraine et une dette de dix milliards à solder par le pauvre peuple.

Le seul prétexte de ceux qui ne veulent pas de Henri V, de ce prince dont Danielo, le républicain, disait : Je l'ai vu le fils de nos rois, il honore la France dans son exil, comme son aïeul St-Louis l'honora dans les fers ! c'est que ce prince n'est pas assez libéral et qu'il ne veut pas changer ce noble drapeau blanc, une des gloires les plus pures de notre chère Lorraine, puisque c'est notre glorieuse Jeanne d'Arc qui apporta cette noble cornette de Marie, avec laquelle, dans sa foi pieuse, elle avait fait un étendard bénit, qui la protégea pour venir avec quelques hommes du fond de sa Lorraine, à travers mille périls, jusqu'à Chinon, trouver le roi qui adopta cet étendard.

C'est avec le drapeau blanc que Jeanne chassa les Anglais du sol français et sauva la France.

C'est avec le drapeau blanc que le grand duc de Guise sauva Metz et délivra Calais.

C'est ce drapeau qui, avec Henri IV, vint pour la deuxième fois sauver la France de la Révolution, et chasser les Espagnols, maîtres d'une partie de la France !

C'est ce drapeau qui a fait l'affranchissement de l'Amérique, et l'Angleterre ne le pardonna jamais à Louis XVI.

C'est encore le drapeau de Jeanne d'Arc qui, en 1814, vint comme un paladium sauver la France en se mettant entre le vainqueur et le vaincu.

Le testament renfermé dans les plis du drapeau blanc est : victoire de Navarin, affranchissement des esclaves grecs, conquête d'Alger, affranchissement des chrétiens de tous les pays.

Oh ! noble étendard, faut-il que les héros

chrétiens qui te portent à la délivrance, aien
le même sort que les serviteurs du Christ !

Jeanne, pour avoir sauvé la France, eu
un bûcher ! Louis XVI, pour avoir délivr
un peuple et donné la liberté, mourut su
l'échafaud avec sa famille. Charles X, pou
avoir délivré les esclaves, perdit sa couronne
et eut l'exil pour récompense, et le descen
dant de ces bons rois, qui comme ses père
aime tant la France et le peuple est repouss
par ceux qui se disent patriotes. Cependan
le principe que Henri V représente si digne
ment, peut encore sauver la France en rallian
tous les Français !

Le drapeau de 1830 a dans ces plis pou
testament : indemnité Pritchard et droit d
visite !

Celui de l'empire : Waterloo et Sédan, et l
France envahie !

Tous les Français de bonne foi doivent réflé
chir et voir où est le salut ou la perte de l
patrie. Le drapeau de la Commune, qui con
duit à la guerre civile et à la destruction d
nos plus beaux monuments, sous les yeu
des Prussiens, n'est pas non plus celui qu
sera choisi par nos chers concitoyens.

THIÉRY,

Ancien Md Grainier-Fleuriste,
Membre de la Société d'Agriculture et de la Sociét
centrale d'horticulture de France, auteur de l
*guérison de la maladie des pommes de terre e
de l'histoire et culture des Lis*, etc.

Senoncourt, par Sou... (Meuse) 16 Janvier 1876.

Imp. de Laurent à Verdun